Amity

English Communication Ⅰ

ワークブック

解答・解説

開隆堂

LESSON 1 The Beautiful Scenery (1)

pp.4-5

語句の確認

オーロラ ／ カラフルな ／ 光 ／
ショー ／ハート形の ／ 島 ／
ロマンチックな／人工的な ／ 場所

本文の確認

❶ 訳 オーロラ
❷ 訳 カラフル
❸ 訳 光のショー
❹ 訳 ハート形の島
❺ 訳 ロマンチック
❻ 訳 ではありません
❼ 訳 美しい景色のある場所

LESSON 1 The Beautiful Scenery (2)

pp.6-7

語句の確認

～山 ／ 見る，～に見える ／ 美しい ／
城 ／ 遺跡 ／ 海 ／ 雲 ／
とてもすばらしい／ お気に入りの

本文の確認

❶ 訳 見てください
❷ 訳 富士山
❸ 訳 見えます
❹ 訳 これら
❻ 訳 とてもすばらしい
❼ 訳 あります
❽ 訳 お気に入りの場所

LESSON 1 The Beautiful Scenery Grammar

pp.8-9

be動詞の現在形

1 (1) am (2) are (3) is

→ be動詞は主語によって使い分ける。

2 (1) am (2) isn't (3) Are

→(2)「～ではありません」と打ち消す文は，be動詞のうしろに not を置く。
(3)「～ですか」と相手にたずねる文は，be動詞を主語の前に置く。

3 (1) This aurora is colorful.
(2) Are those islands beautiful?

一般動詞の現在形

1 (1) I go to school by bike.
×
(2) This shirt looks colorful.
○
(3) They study English every day.
×

→ be動詞が is になる主語は三人称・単数である。

2 (1) know (2) has

→(2) Meg は三人称・単数なので，has を用いる。

3 (1) We don't live in this city.
(2) Does she play the piano?

→(2) 主語が三人称・単数の疑問文は，文頭に Does を置く。

LESSON 2 My Best Friend (1)

pp.10-11

語句の確認

lose ／ 通帳 ／ ことば ／ そのとき ／
～する間に ／ しばらくして ／
～したい ／半分 ／ お金 ／
幸せな，うれしい

本文の確認

❶ 訳 ある日，なくしました
❷ 訳 親友，ことば
❸ 訳 しばらくして，私のお金の半分
❹ 訳 うれしかったです

LESSON 2 My Best Friend (2)

pp.12-13

語句の確認

甘い菓子 ／ ～を好む ／ choose ／
たった～だけ ／ チョコレート ／
feel ／ 思いやり ／ 与える ／
～もまた

本文の確認

❶ 訳 選んでください
❷ 訳 好きです
❸ 訳 選んだ
❺ 訳 うれしく感じました
❻ 訳 あげたいです
❼ 訳 買いたいです
❽ 訳 私もあなたに

LESSON 2 My Best Friend Grammar

pp.14-15

be動詞の過去形

1 (1) was　(2) were　(3) weren't

→(3)「～ではありませんでした」と打ち消す文は，was [were] のうしろに not を置く。weren't は were not の短縮形。

2 (1) was　(2) Were　(3) wasn't

→(2)「～でしたか」と相手にたずねる文は，主語の前に Was [Were] を置く。主語が複数形の they なので，Were を用いる。
(3) 主語が三人称・単数なので，wasn't を用いる。wasn't は was not の短縮形。

3 (1) Ann was sad about his words.
(2) I was not free yesterday.

一般動詞の過去形

1 (1) wanted　(2) Did　(3) didn't

→(1) 一般動詞の過去の文は，一般動詞を過去形にする。
(2) 一般動詞の過去の疑問文は，文頭に Did を置く。
(3) 一般動詞の過去の否定文は，動詞の原形の前に did not を置く。didn't は did not の短縮形。

2 (1) had　(2) said　(3) felt

→形が不規則に変化する一般動詞の過去形に注意。

3 (1) She lost her pen.
(2) Did you buy chocolates?

→(1) lost は lose「失う」の過去形。

LESSON 3 Love for Dance (1)

pp.16-17

語句の確認

(映像の)一場面 ／ ほんとうに ／
かっこいい ／ 動く ／ いっしょに ／
正確な ／ まったく同時に ／ 近い ／
調和，ユニゾン ／ 調和して

本文の確認

❷ 訳 していますか
❸ 訳 見ているところです
❹ 訳 見てください
❺ 訳 好きです
❻ 訳 かっこいい
❼ 訳 まったく同時に，動いています
❽ 訳 踊りますか
❿ 訳 親しい友だち，調和して

LESSON 3 Love for Dance (2)

pp.18-19

語句の確認

すばらしい ／ 脚 ／ 重要な ／ 文化 ／
イングランド ／ 支配する ／
アイルランド／ 禁止する ／ 過去 ／
～のように

本文の確認

❷ 訳 アイルランドのダンス
❹ 訳 使っています
❺ 訳 重要な文化
❻ 訳 禁止しました
❼ 訳 失いませんでした
❽ 訳 ことができますか
❿ 訳 お見せしましょう

LESSON 3 Love for Dance Grammar

pp.20-21

進行形

1 (1) I'm　(2) taking　(3) not

→(1)「～しています」と進行中の動作を表す文は，〈be動詞＋一般動詞の ing 形〉で表す。
(2)「～していますか」と相手にたずねる文は，be動詞を文頭に置き，〈主語＋一般動詞の ing 形～?〉を続ける。
(3)「～していません」と打ち消す文は，be動詞のうしろに not を置き，一般動詞の ing 形を続ける。

2 (1) sleeping　(2) using

3 (1) We are watching a movie.
(2) Are they playing baseball now?

助動詞

1 (1) could　(2) should　(3) must
(4) may

→助動詞は動詞の原形の前に置く。

2 (1) I cannot dance well.
(2) Will they go shopping tomorrow?

→(1) 助動詞 can の否定形 cannot のうしろに dance「踊る」の原形を置く。
(2) 助動詞の疑問文は，助動詞を文頭に置き，〈主語＋動詞の原形～?〉を続ける。go shopping で「買い物に行く」という意味。

LESSON 4 Endangered Species (1)

pp.22-23

語句の確認

(生物学上の)種 ／ 科学者 ／ 100万 ／ 種類 ／ (たとえば)～のような ／ 南[北]極の ／ ～が原因で ／ 環境の ／ 違法の ／ 狩猟 ／ 救う

本文の確認

❶ 訳 動物園，見ること
❸ 訳 200万種類
❹ 訳 のような，絶滅危惧種
❺ 訳 環境の変化，が原因で
❻ 訳 救うために

LESSON 4 Endangered Species (2)

pp.24-25

語句の確認

狩猟する ／ 毛皮 ／ ～を切り倒す ／ 竹 ／ 研究者 ／ 神聖な場所 ／ 今はもう(～でない) ／ もはや～ではない

本文の確認

❶ 訳 手に入れるために
❷ 訳 切り倒しました
❸ 訳 絶滅危惧種でした
❹ 訳 中国の研究者たち
❺ 訳 救いました
❻ 訳 もはや絶滅危惧種ではありません

LESSON 4 Endangered Species Grammar

pp.26-27

不定詞

1 (1) to　(2) buy　(3) to visit
(4) To read　(5) see

→不定詞は to のうしろに動詞の原形を置いて表す。

2 (1) 歌い始めました
(2) 教えること　(3) 救うために
(4) 飲むもの　(5) 料理をすること
(6) サッカーをする時間

→(1) (2) (5)「～すること」という意味の名詞的用法。
(3)「～するために」という意味の副詞的用法。
(4) (6)「～するための」という意味の形容詞的用法。

3 (1) They hope to win the game.
(2) She studied hard to become a doctor.
(3) To see movies is fun.
(4) We have a lot of homework to do today.

→(1)「試合に勝つこと」を不定詞で表す。
(2)「医者になるために」を不定詞で表す。
(3)「映画を見ること」を不定詞で表す。主語である To see movies の直後に be動詞 is を置く。
(4)「するべき」を不定詞で表す。

LESSON 5 The History of Chocolate (1)
pp.28-29

語句の確認

固体の／甘い／begin／
〜ではなく…／乾かす／種／
カカオ／混ぜる／drink／健康

本文の確認

❶ 訳 食べること
❷ 訳 甘い食べ物
❸ 訳 中央アメリカ
❹ 訳 飲むため
❺ 訳 カカオの種，混ぜました
❻ 訳 健康のために

LESSON 5 The History of Chocolate (2)
pp.30-31

語句の確認

征服する／〜のほとんど／嫌う／
(味が)まずい／ヨーロッパの／
砂糖／気晴らし／発明する／
広がる／世界じゅうで

本文の確認

❶ 訳 のほとんど
❷ 訳 飲むこと
❸ 訳 まずかった
❹ 訳 砂糖
❺ 訳 それを飲むこと
❻ 訳 発明しました
❼ 訳 広まりました

LESSON 5 The History of Chocolate Grammar
pp.32-33

動名詞

1 (1) Sleeping (2) taking
(3) doing (4) Watching
(5) going (6) drinking

→「〜すること」は動詞の ing 形で表す。

2 (1) Running (2) making
(3) cleaning

→「〜すること」は不定詞でも表すことができるが，ここでは 1 語で答えなければならないため，すべて動詞の ing 形で表す。

3 (1) 使うこと (2) すること
(3) 話すこと

4 (1) Visiting foreign countries is interesting.
(2) My favorite pastime is singing songs.
(3) They enjoy playing tennis every Sunday.

→(1) 主語の Visiting foreign countries「外国を訪れること」を文頭に置き，be動詞 is を続ける。
(2) 主語の My favorite pastime の直後に be動詞 is を置き，singing songs「歌を歌うこと」を続ける。
(3)「テニスをすること」は playing tennis で表す。ここでは enjoy の目的語となる。

LESSON 6 Our School (1)

pp.34-35

語句の確認

コース ／ 潜水士 ／ 免許 ／
～を通して ／ 練習する ／ 重い ／
ヘルメット ／ 潜水 ／ キログラム ／
ほとんど ／ 小型オートバイ ／ 卒業

本文の確認

❶ 訳 ユニークなコース
❷ 訳 潜水士免許
❸ 訳 練習します
❹ 訳 重いヘルメット
❺ 訳 約70キログラム
❻ 訳 ほとんど同じくらい重い
❼ 訳 卒業後

LESSON 6 Our School (2)

pp.36-37

語句の確認

商品，製品 ／ アライグマ ／ タヌキ ／
基礎の ／ 技術 ／ 食器 ／ プロの ／
good ／ 手作りの ／
のように見える(思える)

本文の確認

❶ 訳 最も有名な
❷ 訳 基礎の技術
❸ 訳 プロの技術
❹ 訳 よりもすぐれて
❺ 訳 手作りの食器

LESSON 6 Our School Grammar

pp.38-39

比較表現(原級)，比較級，最上級

1 (1) fast (2) more difficult
(3) highest

→(1)「～と同じくらい…」という意味の比較表現では，形容詞［副詞］は原級にする。
(2) difficult「難しい」の比較級は，直前に more を置く。
(3) 語尾に -est をつけて最上級を表す。

2 (1) warm (2) more important
(3) earlier (4) most popular
(5) busiest (6) better (7) best

→(2) (4) 直前に more，most を置いて，比較級，最上級を表す語に注意。
(3) (5) 語尾が〈子音字＋y〉のものは，y を i に変えて -er，-est をつける。
(6) (7) well，good の比較級，最上級は，better，best で表す。

3 (1) This computer is as heavy as a notebook.
(2) That car is more expensive than this one.
(3) He studies the hardest of the three.

→(2) expensive「高価な」の比較級は，直前に more を置く。
(3) 最上級で「～の中で」と表す場合，あとに数を表す語がくる場合は of，範囲を表す語がくる場合は in を用いる。ここでは「3人」とあるので，of を用いて of the three とする。

LESSON 7 Serendipity (1)

pp.40-41

語句の確認

フライドポテト ／ レストラン ／
ニューヨーク ／ 厚い ／ 何度も ／
料理長，シェフ ／ (食事などを)出す ／
薄い ／ 怒り

本文の確認

❶ 訳 レストラン，注文しました
❷ 訳 厚すぎる，何度も
❸ 訳 とても薄い
❹ 訳 なんておいしいんだ
❺ 訳 シェフの怒り
❻ 訳 そのときから

LESSON 7 Serendipity (2)

pp.42-43

語句の確認

強い ／ 接着剤，のり ／ 弱い ／
役に立たない ／ (本の)しおり ／
思い出す ／ くっつける ／
ねばねばする，粘着性の ／ ふせん

本文の確認

❶ 訳 発明しようとしていました
❷ 訳 とても弱い
❸ 訳 友人
❹ 訳 見たことがありません
❻ 訳 数年後
❼ 訳 思い出し
❽ 訳 くっつける
❾ 訳 生まれた

LESSON 7 Serendipity

Grammar

pp.44-45

現在完了

1 (1) have been　(2) have seen
(3) cleaned

→現在完了は〈have [has]＋過去分詞〉で表す。

2 (1) since　(2) never
(3) already

→(1)「～から，以来」は since を用いる。
(2)「一度も～したことがありません」と打ち消す文は have [has] のうしろに never を置く。
(3)「もう，すでに」は already を用いる。

3 (1) 子どもの頃から，していますか
(2) 何度も，行ったことがあります
(3) まだ，終えていません

→(1) 現在完了の疑問文は Have [Has] を文頭に置き，〈主語＋過去分詞～?〉を続ける。
(2)〈have [has] ＋been to～〉は「～に行ったことがある」，many times は「何度も」という意味。
(3) 否定文で yet を用いる場合，「まだ～していません」という意味になる。

4 (1) I have studied English for eight years.
(2) He has never listened to the song.
(3) Have you washed your hands yet?

→(1)「～の間」は for ～を用いる。
(3) 疑問文で yet を用いる場合，「もう～しましたか」という意味になる。

LESSON 8 Sapeurs (1)

pp.46-47

語句の確認

衣服／現れる／週末／郊外／
～を楽しむ／モデル／金持ちの／
しかし／高価な

本文の確認

❶ 訳 現れます
❷ 訳 呼ばれます
❸ 訳 楽しみます
❹ 訳 ではありません
❺ 訳 裕福ではありません
❻ 訳 週末に着るとても高価な
❼ 訳 なぜそうするのでしょうか

LESSON 8 Sapeurs (2)

pp.48-49

語句の確認

平和／所有する／武器／アイテム／
暴力／～を痛める，傷つける／
デザイナー／軍隊の／きれいに／
尊敬する

本文の確認

❶ 訳 たくさんの戦争
❷ 訳 武器，所有します
❸ 訳 戦いません
❺ 訳 ではなく
❻ 訳 平和のために
❼ 訳 尊敬されています

LESSON 8 Sapeurs Grammar

pp.50-51

受動態

1 (1) held　(2) Is
(3) not covered　(4) is sung
(5) by

→(1)「(主語が)～される」は〈be動詞＋過去分詞〉で表す。held は hold「開催する」の過去分詞。
(2)「～されていますか」と相手にたずねる文は，be動詞を文頭に置き〈主語＋過去分詞～?〉を続ける。
(3)「～されていません」と打ち消す文は，be動詞のうしろに not を置き，過去分詞を続ける。
(5)「～によって」は by ～で表す。

2 (1) cooked　(2) known
(3) enjoyed

3 (1) 呼ばれています　(2) によって
(3) 売られていますか

→(3) sold は sell「売る」の過去分詞。

4 (1) The computer is used by my brother.
(2) Was that house built by them?
(3) Those windows are not closed now.

→(2) be動詞の過去形 Was を文頭に置き，「～されましたか」と相手にたずねる文にする。その直後に主語の that house「あの家」と built を置く。built は build「建てる」の過去分詞。

LESSON 9 Special Makeup Effects (1)
pp.52-53

語句の確認
化粧 ／ 効果 ／ ほほえむ，笑う ／
異なる ／ 実際に ／ 人 ／ イギリスの ／
俳優 ／ 変化させる ／ 芸術家

本文の確認
❶ 訳 写真
❷ 訳 ほほえんでいる男性
❸ 訳 同じ人物
❹ 訳 俳優
❺ 訳 変身させられました
❻ 訳 特殊メイクアーティスト

LESSON 9 Special Makeup Effects (2)
pp.54-55

語句の確認
記事 ／ 雑誌 ／ 働く ／ send ／
作品 ／ ～のおかげで ／ 助言 ／
大いに，非常に ／ 改善する

本文の確認
❶ 訳 子どもの頃から
❷ 訳 映画雑誌，記事
❸ 訳 アメリカで働く
❹ 訳 自分の作品の写真
❺ 訳 のおかげで，大いに

LESSON 9 Special Makeup Effects (3)
pp.56-57

語句の確認
ハリウッド ／ 産業 ／ 仕事 ／
申し出 ／ spend ／ (年月の)月 ／
顔 ／ 大いに，非常に ／ 評価する ／
win ／ アカデミー賞

本文の確認
❶ 訳 映画産業
❷ 訳 仕事の申し出
❸ 訳 ４か月を費やしました
❹ 訳 高く評価されました
❺ 訳 受賞しました

LESSON 9 Special Makeup Effects

Grammar

pp.58-59

分詞の形容詞的用法

1 (1) flying (2) waiting
(3) dried (4) cooked
(5) used (6) playing

→「～している」は現在分詞に,「～された」は過去分詞にする。

2 (1) 踊っている子どもたち
(2) 青いセーターを着ている少年
(3) 閉じられた
(4) 京都で撮られた写真

3 (1) Look at the sleeping cat.
(2) The woman standing by the door is my mother.
(3) We looked for the lost key.
(4) That is a book written by a famous writer.

→(1) (3) 分詞だけで名詞を説明する場合は,名詞の直前に置く。
(2) (4) 2語以上で名詞を説明する場合は,名詞の直後に置く。

LESSON 10 Clean Water (1)

pp.60-61

語句の確認

パーセント ／ 人間 ／ ～から成る ／ ～より多い ／ 絶えず ／ 発展させる ／ 汚い ／ 干ばつ

本文の確認

❶ 訳 から成る
❷ 訳 失われる
❸ 訳 清潔な水
❹ 訳 干ばつのときに飲む

LESSON 10 Clean Water (2)

pp.62-63

語句の確認

幼児 ／ ～(が原因)で亡くなる ／ 下痢 ／ ショックを受けて ／ 浄化する ／ 粉 ／ 質 ／ 最後に，とうとう ／ 貴重な ／ 値段

本文の確認

❶ 訳 汚染された川
❷ 訳 その水を飲んだたくさんの幼児
❸ 訳 水質を改善する
❹ 訳 発展途上国の人々

LESSON 10 Clean Water (3)

pp.64-65

語句の確認

目的 ／ 人生 ／ 安全な ／ いつか ／ 心配する ／ たとえ～だとしても ／ 笑う ／ あなたに～してほしい ／ 変える

本文の確認

❶ 訳 人生の目的
❷ 訳 作ること
❸ 訳 安全な水
❹ 訳 笑われても
❺ 訳 世界を変えるような大きな夢

LESSON 10 Clean Water

Grammar

pp.66-67

関係代名詞

1 (1) who　(2) that　(3) whose

2 (1) ×　(2) ○

→目的格の関係代名詞は省略できる。

3 (1) パーティーに遅れてきた
(2) たくさんの人々が話す
(3) 花が黄色い

4 (1) That is the plane which goes to New York.
(2) Yuko is the singer whom everyone knows.
(3) Show me the bag you bought yesterday.
(4) Do you see that house whose roof is red?

→(1) plane を先行詞にして,「ニューヨークへ行く」を主格の関係代名詞 which を使って表す。
(3) bag を先行詞にして,「あなたが昨日買った」を目的格の関係代名詞を使って表すが,選択肢に which / that がないので関係代名詞を省略した文であると考える。

NOTE

Amity English Communication Ⅰ
ワークブック
解答・解説
BD
開隆堂出版株式会社
東京都文京区向丘1-13-1

アミティ

Amity

English Communication Ⅰ

イングリッシュ コミュニケーション Ⅰ

ワークブック

開隆堂

本書の構成と使い方

このワークブックは，Amity English Communication Ⅰの内容にしたがって作られています。レッスンごとに，ページ左側にある教科書本文をもとに語句や本文の内容を確認し，文法事項のまとめと練習問題を行う基本構成となっています。本文の書写や単語の練習欄もありますので，予習だけでなく，復習やテスト前の整理にも活用してください。各ページの内容と使い方は次のとおりです。

語句の確認

本文を読むために必要な語句の意味を確認します。教科書巻末の WORD LIST や辞書を積極的に活用して，単語・表現の意味を調べましょう。また，単語のつづりの練習もしましょう。

※このワークブックでは，単語の品詞を次のように表記しています。

名＝名詞　動＝動詞　形＝形容詞　副＝副詞　前＝前置詞　接＝接続詞

本　文

教科書本文が掲載されています。ページ上部の QR コードを読み取り，音声を聞いて，声に出して読む練習をしましょう。

本文に1文ずつ番号（❶❷ ...）をつけています。主語には下線が引かれ，動詞は太字で示しているので，文の構造を確認しましょう。

本文中のスラッシュ（/）は，意味のまとまりの区切れ目を表しています。

本文の確認

レッスンページ左側の本文には番号がついています。番号に対応する本文を正確に書き写し，内容を確認しましょう。

空所には適切な日本語を入れて日本語訳を完成させましょう。

Grammar

教科書の FOCUS で取り上げられている，レッスンで学習する文法事項の解説とその練習問題です。

右の QR コードをタブレット端末で読み取ると，
音声のウェブページにつながります。
次の URL からもアクセスできます。
https://www.kairyudo.co.jp/amity1ecwb

CONTENTS

LESSON 1 The Beautiful Scenery 4

LESSON 2 My Best Friend 10

LESSON 3 Love for Dance 16

LESSON 4 Endangered Species 22

LESSON 5 The History of Chocolate 28

LESSON 6 Our School 34

LESSON 7 Serendipity 40

LESSON 8 Sapeurs 46

LESSON 9 Special Makeup Effects 52

LESSON 10 Clean Water 60

学習日　　／

LESSON 1

The Beautiful Scenery (1)

pp.14-15

語句の確認 // 意味を調べて記入し，つづりを練習しましょう。

語句	意味	練習
scenery	名 景色	scenery　scenery　scenery
aurora	名	
colorful	形	
light	名	
show	名	
heart-shaped	形	
island(s)	名	
romantic	形	
artificial	形	
place(s)	名	

本　文 // 音声を聞いて，声に出して読みましょう。

❶ This **is** an aurora. // ❷ It **is** colorful. // ❸ It **is** a beautiful light show / in the sky. //

❹ These **are** heart-shaped islands. // ❺ They **are** romantic. // ❻ They **are not** artificial. //

❼ There **are** many places / with beautiful scenery / in the world. //

本文の確認

左の番号に対応する本文を書き写し，______に適切な日本語を入れましょう。

❶ 英 ________________________________

訳 これは______________です。

❷ 英 ________________________________

訳 それは______________です。

❸ 英 ________________________________

訳 それは空の美しい______________です。

❹ 英 ________________________________

訳 これらは______________です。

❺ 英 ________________________________

訳 それらは______________です。

❻ 英 ________________________________

訳 それらは人工的なもの______________。

❼ 英 ________________________________

____

訳 世界には，______________がたくさんあります。

LESSON 1

The Beautiful Scenery (2)

学習日　　／　　（　　）

pp.16-17

語句の確認 // 意味を調べて記入し，つづりを練習しましょう。

語句	意味	練習
mountain	名 山	mountain　mountain
Mt.	名	
look(s)	動	
beautiful	形	
castle	名	
ruin(s)	名	
sea	名	
cloud(s)	名	
fantastic	形	
favorite	形	

本　文 // 音声を聞いて，声に出して読みましょう。

❶ **Look at** the mountain. // ❷ It **is** Mt. Fuji. // ❸ It **looks** beautiful. //

❹ These **are** the Takeda Castle Ruins. // ❺ You **see** a sea of clouds. // ❻ They **are** fantastic. //

❼ In Japan, / there **are** many places / with beautiful scenery. // ❽ **Do** you **have** a favorite place? //

本文の確認

左の番号に対応する本文を書き写し, ______ に適切な日本語を入れましょう。

❶ 英 ______________________________

訳 その山を ______________________________。

❷ 英 ______________________________

訳 それは ______________________________ です。

❸ 英 ______________________________

訳 それは美しく ______________________________。

❹ 英 ______________________________

訳 ______________________________ は竹田城跡です。

❺ 英 ______________________________

訳 雲海が見えます。

❻ 英 ______________________________

訳 それらは ______________________________ です。

❼ 英 ______________________________

訳 日本には，美しい景色のある場所がたくさん ______________________________。

❽ 英 ______________________________

訳 あなたには，______________________________ がありますか。

Grammar　be動詞の現在形

① be動詞の現在形は am, are, is の３つで，主語に応じて使い分けます。
「(主語は)～です」「(主語が)います」という意味を表します。
・This **is** an aurora.　　これはオーロラ**です**。

② **疑問文の作り方**…〈be動詞＋主語 ～?〉の語順にします。
・**Are** you a baseball fan**?**　　あなたは野球のファン**ですか**。
—Yes, I **am**.　　—はい，そうです。

③ **否定文の作り方**…〈be動詞＋ not〉を使います。
・I **am not** a baseball fan.　　私は野球のファン**ではありません**。

1　(　)内から適切なものを選びましょう。

(1) I (am / is) a soccer fan.

(2) We (am / are) not at school now.

(3) She (are / is) from Australia.

2　日本語に合うように，(　)に入る語を右から選んで入れましょう。

am
is
are
isn't
aren't

(1) 私は高校生です。
I (　　　　　) a high school student.

(2) あれは富士山ではありません。
That (　　　　　) Mt. Fuji.

(3) それらは美しい場所ですか。
(　　　　　) they beautiful places?

3　日本語に合うように，【　】内の語句を並べかえて全文を書きましょう。

(1) このオーロラはカラフルです。【 colorful / this aurora / is 】.

＿＿＿＿＿＿＿＿＿＿＿＿＿＿＿＿＿＿＿＿＿＿＿＿

(2) それらの島は美しいですか。【 islands / are / beautiful / those 】?

＿＿＿＿＿＿＿＿＿＿＿＿＿＿＿＿＿＿＿＿＿＿＿＿

学習日　／

Grammar 一般動詞の現在形

① 時が現在の場合，主語が三人称・単数かそれ以外かで，動詞の形が変わります。

・The mountains **look** beautiful.　その山々は美しく**見えます**。

・Mt. Fuji **looks** beautiful.　富士山は美しく**見えます**。

② **疑問文の作り方**…〈Do [Does] ＋主語＋動詞の原形～?〉の語順にします。

・**Do** you **play** the guitar?　あなたはギターを**弾きますか**。

—Yes, I **do**.　—はい，**弾きます**。

③ **否定文の作り方**…〈do [does] not ＋動詞の原形〉を使います。

・He **doesn't speak** Japanese.　彼は日本語を**話しません**。

1 主語に____を引き，それが三人称・単数なら○を，それ以外なら×を(　)に書きましょう。

(1) I go to school by bike.　(　　)

(2) This shirt looks colorful.　(　　)

(3) They study English every day.　(　　)

2 日本語に合うように，(　)内から適切なものを選びましょう。

(1) あなたはその知らせを知っていますか。

Do you (know / knows) the news?

(2) メグにはお気に入りの場所がたくさんあります。

Meg (have / has) many favorite places.

3 日本語に合うように，【　】内の語句を並べかえて全文を書きましょう。

(1) 私たちはこの市に住んでいません。【 we / live / don't 】in this city.

____

(2) 彼女はピアノを弾きますか。【 the piano / she / play / does 】?

____

学習日　　／

LESSON 2

My Best Friend (1)

教科書 pp.22-23

語句の確認 // 意味を調べて記入し，つづりを練習しましょう。

語句	意味	練習
one day	ある日	one day　one day　one day
lost	動　　　の過去形	
bankbook	名	
word(s)	名	
then	副	
while	接	
after a while		
want to ～		
half	名	
money	名	
happy	形	

本　文 // 音声を聞いて，声に出して読みましょう。

❶ One day, / Maruko **lost** her bankbook. // ❷ Her best friend Tama-chan **had** no words / for her then. //

❸ After a while, / Tama-chan **said**, / "I **want to give** half of my money / to you." // ❹ Maruko **was** happy / about Tama-chan's words. //

本文の確認 左の番号に対応する本文を書き写し，______に適切な日本語を入れましょう。

❶ 英 ______________________________

訳 ______，まる子は通帳を______。

❷ 英 ______________________________

____

訳 ______のたまちゃんは，そのとき彼女に対して______がありませんでした。

❸ 英 ______________________________

____

訳 ______，たまちゃんは「______をあなたにあげたいです」と言いました。

❹ 英 ______________________________

____

訳 まる子はたまちゃんのことばが______。

LESSON 2

My Best Friend (2)

学習日　／

pp.24-25

語句の確認 // 意味を調べて記入し，つづりを練習しましょう。

語句	意味	練習
any of ～	～のどれでも	any of ～　any of ～　any of ～
sweet(s)	名	
like	動	
chose	動　　　　の過去形	
only	副	
chocolate(s)	名	
felt	動　　　　の過去形	
kindness	名	
give	動	
too	副	

本　文 // 音声を聞いて，声に出して読みましょう。

Maruko: ❶ Please **choose** any of these sweets. //

Tama-chan: ❷ I **like** this. //

Maruko: ❸ You **chose** only one chocolate? //

Tama-chan: ❹ Yes. // ❺ I **felt** happy / about your kindness. //

❻ I **want to give** it / to you. //

Maruko: ❼ Well, / I **want to buy** two chocolates. // ❽ I **want to give** it / to you too. //

本文の確認

左の番号に対応する本文を書き写し, ＿＿ に適切な日本語を入れましょう。

❶ 英 ＿＿＿＿＿＿＿＿＿＿＿＿＿＿＿＿＿＿＿＿

訳 これらの甘い菓子のどれでも＿＿＿＿＿＿＿＿。

❷ 英 ＿＿＿＿＿＿＿＿＿＿＿＿＿＿＿＿＿＿＿＿

訳 私はこれが＿＿＿＿＿＿＿＿。

❸ 英 ＿＿＿＿＿＿＿＿＿＿＿＿＿＿＿＿＿＿＿＿

訳 あなたはチョコレートをたった１つだけ＿＿＿＿＿＿＿＿のですか。

❹❺ 英 ＿＿＿＿＿＿＿＿＿＿＿＿＿＿＿＿＿＿＿＿

訳 はい。私はあなたの思いやりを＿＿＿＿＿＿＿＿。

❻ 英 ＿＿＿＿＿＿＿＿＿＿＿＿＿＿＿＿＿＿＿＿

訳 私はそれをあなたに＿＿＿＿＿＿＿＿。

❼ 英 ＿＿＿＿＿＿＿＿＿＿＿＿＿＿＿＿＿＿＿＿

訳 ええと，私はチョコレートを２つ＿＿＿＿＿＿＿＿。

❽ 英 ＿＿＿＿＿＿＿＿＿＿＿＿＿＿＿＿＿＿＿＿

訳 ＿＿＿＿＿＿＿＿それをあげたいです。

Grammar be動詞の過去形

① am と is の過去形は was，are の過去形は were です。

・I **was** happy about Tama-chan's words.
たまちゃんのことばがうれし**かったです**。

② **疑問文の作り方**…〈Was [Were] ＋主語 ～?〉の語順にします。

・**Were** you busy yesterday**?**　あなたは昨日忙し**かったですか**。

③ **否定文の作り方**…〈was [were] ＋ not〉を使います。

※ was not ＝ wasn't，were not ＝ weren't

・I **wasn't** busy yesterday.　私は昨日忙しく**ありませんでした**。

1 日本語に合うように，（　）内から適切なものを選びましょう。

(1) 私はそのとき９歳でした。　I (am / was) nine at that time.
(2) 私たちは昨年学生でした。　We (are / were) students last year.
(3) 彼らは家にいませんでした。　They (aren't / weren't) at home.

2 日本語に合うように，（　）に入る語を右から選んで入れましょう。

was
were
wasn't
weren't

(1) 私は昨夜とても疲れていました。
I (　　　　) very tired last night.
(2) 彼らはそのとき教室にいましたか。
(　　　　) they in the classroom then?
(3) その車は新しくありませんでした。
The car (　　　　) new.

3 日本語に合うように，【　】内の語句を並べかえて全文を書きましょう。

(1) アンは彼のことばが悲しかったです。【 Ann / his words / was / about / sad 】.

____

(2) 私は昨日ひまではありませんでした。【 not / I / free / was 】 yesterday.

____

学習日　／

Grammar 一般動詞の過去形

① 一般動詞の過去形は，語尾に -(e)d がつくものと，形が変化するものがあります。
語尾に -(e)d がつくもの…start → start**ed**，study → stud**ied** など
形が変化するもの…go → **went** など
・Maruko **lost** her bankbook.　　まる子は通帳を**なくしました**。
② **疑問文の作り方**…〈Did ＋主語＋動詞の原形 ～?〉の語順にします。
・**Did** you **study** English yesterday?　あなたは昨日英語を**勉強しましたか**。
③ **否定文の作り方**…〈did not [didn't] ＋動詞の原形〉を使います。
・I **didn't study** English yesterday.　私は昨日英語を**勉強しませんでした**。

1 日本語に合うように，(　)内から適切なものを選びましょう。
(1) 彼女はその本がほしかったです。　She (want / wanted) the book.
(2) 彼女はそのケーキを食べましたか。　(Does / Did) she eat the cake?
(3) 私はテレビを見ませんでした。　I (don't / didn't) watch TV.

2 日本語に合うように，(　)に入る語を右から選んで入れましょう。
(1) 彼は青いかばんを持っていました。
He (　　　　) a blue bag.
(2) 私たちは「手伝ってください」と言いました。
We (　　　　), "Please help us."
(3) 彼らはその知らせをうれしく感じました。
They (　　　　) happy about the news.

chose
felt
said
had

3 日本語に合うように，【　】内の語句を並べかえて全文を書きましょう。
(1) 彼女はペンをなくしました。【 lost / her pen / she 】.

____

(2) あなたはチョコレートを買いましたか。【 chocolates / you / did / buy 】?

____

LESSON 3

Love for Dance (1)

学習日　　／

教科書 pp.30-31

語句の確認 // 意味を調べて記入し，つづりを練習しましょう。

語句	意味	練習
watch(ing)	動　～を見る	watch　watch　watch
clip	名	
really	副	
cool	形	
move, moving	動	
together	副	
exact	形	
at the exact same time		
close	形	
unison	名	
in unison		

本　文 // 音声を聞いて，声に出して読みましょう。

Beth: ❶ Hi, / Ken. // ❷ What **are** you **doing**? //

Ken: ❸ I'm **watching** a video clip. // ❹ **Look at** the dancers. // ❺ I really **like** them. //

Beth: ❻ Cool! // ❼ They **are moving** together / at the exact same time. // ❽ Ken, / **do** you **dance** / in a group too? //

Ken: ❾ Yes. // ❿ We **are** very close friends, / so we all **move** / in unison well. //

本文の確認　左の番号に対応する本文を書き写し，＿＿に適切な日本語を入れましょう。

❶❷ 英 ＿＿＿＿＿＿＿＿＿＿＿＿＿＿＿＿＿＿＿＿

訳 こんにちは，健。あなたは何を＿＿＿＿＿＿＿＿。

❸ 英 ＿＿＿＿＿＿＿＿＿＿＿＿＿＿＿＿＿＿＿＿

訳 私は動画を＿＿＿＿＿＿＿＿。

❹ 英 ＿＿＿＿＿＿＿＿＿＿＿＿＿＿＿＿＿＿＿＿

訳 ダンサーたちを＿＿＿＿＿＿＿＿。

❺ 英 ＿＿＿＿＿＿＿＿＿＿＿＿＿＿＿＿＿＿＿＿

訳 私は彼らがほんとうに＿＿＿＿＿＿＿＿。

❻❼ 英 ＿＿＿＿＿＿＿＿＿＿＿＿＿＿＿＿＿＿＿＿

＿＿＿＿＿＿＿＿＿＿＿＿＿＿＿＿＿＿＿＿

訳 ＿＿＿＿＿＿＿＿！　彼らは＿＿＿＿＿＿＿＿，いっしょに＿＿＿＿＿＿＿＿。

❽ 英 ＿＿＿＿＿＿＿＿＿＿＿＿＿＿＿＿＿＿＿＿

訳 健，あなたもグループで＿＿＿＿＿＿＿＿。

❾❿ 英 ＿＿＿＿＿＿＿＿＿＿＿＿＿＿＿＿＿＿＿＿

＿＿＿＿＿＿＿＿＿＿＿＿＿＿＿＿＿＿＿＿

訳 はい。私たちはとても＿＿＿＿＿＿＿＿なので，全員上手に＿＿＿＿＿＿＿＿動きます。

LESSON 3

Love for Dance (2)

学習日　／

教科書 pp.32-33

語句の確認 // 意味を調べて記入し，つづりを練習しましょう。

語句	意味	練習
Irish	形 アイルランドの	Irish　Irish　Irish
amazing	形	
leg(s)	名	
important	形	
culture	名	
England	名	
rule(d)	動	
Ireland	名	
ban(ned)	動	
past	名	
like	前	

本　文 // 音声を聞いて，声に出して読みましょう。

Jenny: ❶ **Look**. // ❷ This **is** an Irish dance. //

Ken: ❸ Amazing! // ❹ The dancers **are using** only their legs. //

Jenny: ❺ Dance **is** our important culture. // ❻ England **ruled** Ireland / and **banned** its culture / in the past. // ❼ But Irish people **didn't lose** their love / for dance. //

Ken: ❽ **Can** you **dance** / like this? //

Jenny: ❾ Yes, I **can**. // ❿ I **will show** you. //

本文の確認

左の番号に対応する本文を書き写し，______に適切な日本語を入れましょう。

❶❷ 英 ______________________________

訳 見てください。これは______________________です。

❸❹ 英 ______________________________

訳 すばらしい！　ダンサーたちは脚だけを______________。

❺ 英 ______________________________

訳 ダンスは私たちの______________です。

❻ 英 ______________________________

____

訳 イングランド王国は昔，アイルランドを支配し，その文化を______________。

❼ 英 ______________________________

____

訳 しかし，アイルランドの人々はダンスへの愛を______________。

❽ 英 ______________________________

訳 あなたはこのように踊る______________。

❾ 英 ______________________________

訳 はい，踊ることができます。

❿ 英 ______________________________

訳 あなたに______________。

学習日　　／

Grammar 進行形

① 今まさに起きている進行中の動作は,〈be動詞＋一般動詞の ing 形〉で表します。

一般動詞の ing 形の作り方

そのまま ing をつける…start → start**ing**

e をとって ing をつける…take → tak**ing**

最後の文字を重ねて ing をつける…run → run**ning**

・I'**m watching** a video clip.　　私は動画を**見ているところです**。

② **疑問文の作り方**…〈be動詞＋主語＋一般動詞の ing 形 ～?〉の語順にします。

・**Are** you **listening** to music?　　あなたは音楽を**聴いていますか**。

③ **否定文の作り方**…〈be動詞＋ not ＋一般動詞の ing 形〉を使います。

・I'**m not listening** to music.　　私は音楽を**聴いていません**。

1 日本語に合うように,(　)内から適切なものを選びましょう。

(1) 私は今,英語を勉強しています。　(I / I'm) studying English now.

(2) トムはお風呂に入っていますか。　Is Tom (takes / taking) a bath?

(3) 彼らは泳いでいません。　They're (not / no) swimming.

2 日本語に合うように,【　】内の語を適切な形にして(　)に書きましょう。

(1) リサは自分の部屋で眠っています。【 sleep 】

Lisa is (　　　　　　　) in her room.

(2) 私はそのコンピュータを使っていません。【 use 】

I'm not (　　　　　　　) the computer.

3 日本語に合うように,【　】内の語句を並べかえて全文を書きましょう。

(1) 私たちは映画を見ているところです。【 a movie / watching / we / are 】.

____

(2) 彼らは今,野球をしていますか。【 they / baseball / are / playing 】now?

____

学習日　　／

Grammar 助動詞

① 助動詞は，動詞の原形の前に置かれ，動詞に意味を付け加える働きをします。

can（～できます）　could（～できました）　will（～するつもりです）

may（～してもよいです，～かもしれません）　should（～するべきです）

must（～しなければなりません，～にちがいありません）

・I **will** show you.　私はあなたに見せる**つもりです**。（＝お見せしましょう。）

② **疑問文の作り方**…〈助動詞＋主語＋動詞の原形 ～?〉の語順にします。

・**Can** you play the piano**?**　あなたはピアノを弾く**ことができますか**。

③ **否定文の作り方**…〈助動詞＋ not ＋動詞の原形〉を使います。

※ cannot は，can と not の間をあけずに書きます。

・I **cannot [can't]** play the piano.　私はピアノを弾く**ことができません**。

1 日本語に合うように，（　）に入る語を右から選んで入れましょう。

cannot
could
will
may
should
must

(1) 健はとても速く走ることができました。

Ken (　　　　　　) run very fast.

(2) あなたは今日は家にいるべきです。

You (　　　　　　) stay home today.

(3) そのケーキはおいしいにちがいありません。

The cake (　　　　　　) be delicious.

(4) 彼女の話はほんとうかもしれません。

Her story (　　　　　　) be true.

2 日本語に合うように，【　】内の語句を並べかえて全文を書きましょう。

(1) 私は上手に踊ることができません。【 cannot / I / well / dance 】.

____

(2) 彼らは明日，買い物に行くつもりですか。【 go shopping / will / they 】tomorrow?

____

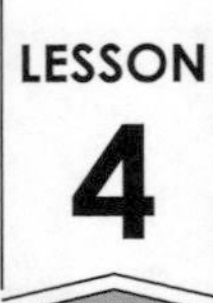

LESSON 4 Endangered Species (1)

学習日　／

pp.40-41

語句の確認 // 意味を調べて記入し，つづりを練習しましょう。

語句	意味	練習
endangered	形　危険にさらされた	endangered　endangered
species	名	
scientist	名	
million	名	
kind(s)	名	
such as ～		
polar	形	
because of ～		
environmental	形	
illegal	形	
hunt(s)	名	
save	動	

本　文 // 音声を聞いて，声に出して読みましょう。

❶ We **like to see** many animals / in the zoo. // ❷ A scientist **said**, / ❸ "There **are** about two million kinds of animals / on the earth. // ❹ But some animals **are** endangered species, / such as gorillas and polar bears." //

❺ Many of the animals **die** / because of environmental changes / and illegal hunts. // ❻ What **can** we **do** / to save them? //

本文の確認

左の番号に対応する本文を書き写し，______に適切な日本語を入れましょう。

❶ 英 ______________________________

訳 私たちは______でたくさんの動物を______が好きです。

❷ 英 ______________________________

訳 ある科学者は言いました，

❸ 英 ______________________________

____

訳 「地球上には約______の動物がいます。

❹ 英 ______________________________

____

訳 しかし，たとえばゴリラやホッキョクグマ______いくつかの動物は，______です。」

❺ 英 ______________________________

____

訳 そうした動物の多くは，______や違法な狩猟______死にます。

❻ 英 ______________________________

訳 それらを______，私たちは何ができるでしょうか。

LESSON 4

Endangered Species (2)

学習日　／　（　）

pp.42-43

語句の確認 意味を調べて記入し，つづりを練習しましょう。

語句	意味	練習
poacher(s)	名 密猟者	poacher poacher poacher
hunt(ed)	動	
fur	名	
cut down ～		
bamboo	名	
researcher(s)	名	
sanctuary, sanctuaries	名	
anymore	副	
not ～ *anymore*		

本　文 音声を聞いて，声に出して読みましょう。

❶ In the past, / poachers **hunted** many giant pandas / to take their fur. // ❷ And people **cut down** many bamboo trees. // ❸ So giant pandas **were** an endangered species. //

❹ In the late 20th century, / researchers in China **made** the Giant Panda Sanctuaries. // ❺ They **saved** bamboo forests / and giant pandas. // ❻ Now / giant pandas **aren't** an endangered species anymore. //

本文の確認 左の番号に対応する本文を書き写し，______に適切な日本語を入れましょう。

❶ 英 ______________________________

____

訳 昔，密猟者たちはその毛皮を______，たくさんのジャイアントパンダを狩猟しました。

❷ 英 ______________________________

訳 そして人々はたくさんの竹を______。

❸ 英 ______________________________

訳 だからジャイアントパンダは______。

❹ 英 ______________________________

____

訳 20世紀後半，______が，ジャイアントパンダ保護区を作りました。

❺ 英 ______________________________

訳 彼らは竹林とジャイアントパンダを______。

❻ 英 ______________________________

____

訳 現在，ジャイアントパンダは______。

学習日　　／

Grammar 不定詞

〈to ＋動詞の原形〉の形で，次のような意味を表します。

① **「～すること」（名詞的用法）**

・**To play** the guitar is fun.
ギターを**弾くこと**は楽しいです。

・I want **to become** a famous musician.
私は有名な音楽家に**なり**たいです。

② **「～するために，～して」（副詞的用法）**

・I usually get up early **to practice** the piano.
ピアノを**練習するために**，私はたいてい早起きをします。

③ **「～するための，～するべき」（形容詞的用法）**

・I need money **to go** to the concert.
私にはコンサートに**行くための**お金が必要です。

1 **(　)内から適切なものを選びましょう。**

(1) 私はアメリカで勉強したいです。
I want (to / for) study English in the U.S.

(2) 私は卵を買うためにスーパーへ行きました。
I went to the supermarket to (buy / bought) eggs.

(3) 京都には訪れるべき場所がたくさんあります。
There are many places (visiting / to visit) in Kyoto.

(4) 本を読むことが私の趣味です。
(Read to / To read) books is my hobby.

(5) 彼は庭で花を見ることが好きです。
He likes to (see / sees) flowers in the garden.

2 (　)に適切な日本語を入れて，英文の日本語訳を完成させましょう。

(1) The girl started to sing a song.
その少女は歌を(　　　　　　　　　　　　　　)。

(2) My father's job is to teach math.
父の仕事は数学を(　　　　　　　　　　)です。

(3) What can we do to save the children?
その子どもたちを(　　　　　　　　)，私たちは何ができるでしょうか。

(4) I want something to drink.
私は何か(　　　　　　　　)がほしいです。

(5) My sister doesn't like to cook.
姉は(　　　　　　　　　　　)が好きではありません。

(6) They had much time to play soccer.
彼らには(　　　　　　　　　　　　　)がたくさんありました。

3 日本語に合うように，【　】内の語句を並べかえて全文を書きましょう。

(1) 彼らはその試合に勝つことを願っています。
They【 the game / hope / win / to 】.

____

(2) 彼女は医者になるために一生懸命勉強しました。
She studied hard【 a doctor / to / become 】.

____

(3) 映画を見ることは楽しいです。
【 see / to / movies 】is fun.

____

(4) 私たちには今日，するべき宿題がたくさんあります。
We have【 a lot of / do / to / homework 】today.

____

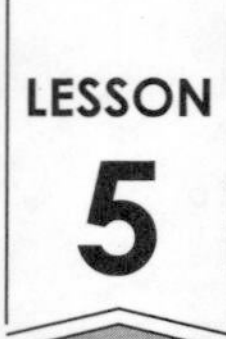

LESSON 5 The History of Chocolate (1)

学習日　　／

pp.48-49

語句の確認 意味を調べて記入し，つづりを練習しましょう。

語句	意味	練習
history	名 歴史	history　history　history
solid	形	
sweet	形	
began	動　　の過去形	
not ～ but ...		
dry, dried	動	
seed(s)	名	
cacao	名	
mix(ed)	動	
drank	動　　の過去形	
health	名	

本　文 音声を聞いて，声に出して読みましょう。

❶ We **like** eating chocolate. // ❷ It **is** a solid and sweet food. //

❸ The history of chocolate **began** / in Central America / about 3,000 years ago. // ❹ It **wasn't** for eating / but for drinking. // ❺ People **dried** seeds of cacao / and **mixed** them / with water. // ❻ Only high class people **drank** it / for their health. //

本文の確認

左の番号に対応する本文を書き写し，______に適切な日本語を入れましょう。

❶ 英 ____________________

訳 私たちはチョコレートを______________が好きです。

❷ 英 ____________________

訳 それは固形の______________です。

❸ 英 ____________________

____

訳 チョコレートの歴史は約3,000年前に______________で始まりました。

❹ 英 ____________________

訳 それは食べるためではなく______________のものでした。

❺ 英 ____________________

____

訳 人々は______________を乾かして，それらを水と______________。

❻ 英 ____________________

訳 上流階級の人々だけが，______________それを飲んでいました。

LESSON 5

The History of Chocolate (2)

学習日　　／　（　）

pp.50-51

語句の確認　意味を調べて記入し，つづりを練習しましょう。

語句	意味	練習
Spanish	名 スペイン人	Spanish　Spanish　Spanish
conquer(ed)	動	
most of ～		
hate(d)	動	
taste bad		
European	形	
sugar	名	
pastime	名	
invent(ed)	動	
spread	動 (過去形・過去分詞も同形)	
all over the world		

本　文　音声を聞いて，声に出して読みましょう。

❶ In the 16th century, / the Spanish **conquered** most of Central America. // ❷ They **hated** drinking chocolate. // ❸ It **tasted** bad / to them. //

❹ When European people got cacao, / they **put** sugar / in the chocolate. // ❺ People's favorite pastime **was** drinking it. // ❻ In the 19th century, / they **invented** a solid chocolate. // ❼ It **spread** / all over the world. //

本文の確認 左の番号に対応する本文を書き写し，＿＿に適切な日本語を入れましょう。

❶ 英

訳 16世紀，スペイン人が中央アメリカ＿＿＿＿＿＿を征服しました。

❷ 英

訳 彼らはチョコレートを＿＿＿＿＿＿を嫌いました。

❸ 英

訳 それは彼らには＿＿＿＿＿＿のです。

❹ 英

訳 ヨーロッパの人々はカカオを手に入れると，チョコレートに＿＿＿＿＿＿を入れました。

❺ 英

訳 人々のお気に入りの気晴らしは＿＿＿＿＿＿でした。

❻ 英

訳 19世紀，彼らは固形のチョコレートを＿＿＿＿＿＿。

❼ 英

訳 それは世界じゅうで＿＿＿＿＿＿。

Grammar 動名詞

動詞の ing 形で「～すること」という意味を表し，名詞と同じような働きをします。

① **主語になる動名詞**

・**Going** to bed early is good for your health.
早く**寝ること**は健康によいです。

② **補語になる動名詞**

・My hobby is **drawing** pictures.
私の趣味は絵を**描くこと**です。

③ **目的語になる動名詞**

・Many students like **watching** movies.
多くの生徒は映画を**見ること**が好きです。

1 （　）内から適切なものを選びましょう。

(1) よく眠ることは重要です。
(Sleeps / Sleeping) well is important.

(2) 彼女の仕事は子どもたちの世話をすることです。
Her job is (taking / to taking) care of children.

(3) 私は宿題をし終えました。
I finished (do / doing) my homework.

(4) その野球の試合を見ることはわくわくしました。
(Watched / Watching) the baseball game was exciting.

(5) 私の趣味は買い物に行くことです。
My hobby is (go / going) shopping.

(6) その水は飲むためのものではありません。
The water is not for (drink / drinking) .

2 日本語に合うように,【　】内の語を適切な形にして(　)に書きましょう。ただし，２語以上になってはいけません。

(1) 1 km 走ることは私にとって難しいです。【run】

(　　　　　　　　) one kilometer is hard for me.

(2) 私の休日の気晴らしはお菓子を作ることです。【make】

My holiday pastime is (　　　　　　　　) sweets.

(3) 私たちは教室を掃除し始めました。【clean】

We started (　　　　　　　　) the classroom.

3 (　)に適切な日本語を入れて，英文の日本語訳を完成させましょう。

(1) Using that computer is difficult for me.

あのコンピュータを(　　　　　　　　)は私にとって難しいです。

(2) My brother's hobby is playing video games.

兄の趣味はゲームを(　　　　　　　　)です。

(3) Stop talking and look at me.

(　　　　　　　　)をやめて私のほうを見なさい。

4 日本語に合うように,【　】内の語を並べかえて全文を書きましょう。

(1) 外国を訪れることは興味深いです。

【 countries / visiting / foreign / is 】interesting.

____

(2) 私のお気に入りの気晴らしは歌を歌うことです。

My favorite pastime【 songs / is / singing 】.

____

(3) 彼らは毎週日曜日にテニスをすることを楽しみます。

They【 tennis / enjoy / playing 】every Sunday.

____

LESSON 6

Our School (1)

学習日　／

教科書 pp.56-57

語句の確認 // 意味を調べて記入し，つづりを練習しましょう。

語句	意味	練習
unique	形 ユニークな，とても珍しい	unique　unique　unique
course	名	
diver	名	
license	名	
through	前	
practice	動	
heavy	形	
helmet	名	
diving	名	
kilogram(s)	名	
almost	副	
motorbike	名	
graduation	名	

本　文 // 音声を聞いて，声に出して読みましょう。

❶ Our school **has** a unique course. // ❷ We **can get** a diver license / through the course. //

❸ We **practice** / in a 10-meter deep pool. // ❹ We **wear** a heavy helmet / and a diving suit. // ❺ They **are** about 70 kilograms. // ❻ They **are** almost as heavy as a motorbike. // ❼ After graduation, / we **want to work** / under the sea. //

本文の確認

左の番号に対応する本文を書き写し，______に適切な日本語を入れましょう。

❶ 英 ______________________________

訳 私たちの学校には______________があります。

❷ 英 ______________________________

____

訳 そのコースを通して，私たちは______________を取ることができます。

❸ 英 ______________________________

訳 私たちは水深10メートルのプールで______________。

❹ 英 ______________________________

____

訳 私たちは______________とダイビングスーツを身につけます。

❺ 英 ______________________________

訳 それらは______________です。

❻ 英 ______________________________

訳 それらは小型オートバイと______________です。

❼ 英 ______________________________

____

訳 ______________，私たちは海の中で働きたいです。

LESSON 6 Our School (2)

学習日　　／

pp.58-59

語句の確認 // 意味を調べて記入し，つづりを練習しましょう。

語句	意味	練習
famous	形 有名な	famous famous famous
ware	名	
raccoon	名	
raccoon dog	名	
basic	形	
skill(s)	名	
dish(es)	名	
professional	形	
better	形 の比較級	
handmade	形	
seem(s)	動	

本　文 // 音声を聞いて，声に出して読みましょう。

❶ One of the most famous Shigaraki ware / **is** a raccoon dog. //

❷ In our school, / we **learn** the basic skills / to make dishes. // ❸ Some students **learn** the professional skills / from the second year. // ❹ So their dishes **are** better / than ours. // ❺ When we eat / with our handmade dishes, / food **seems to taste** better. //

本文の確認 左の番号に対応する本文を書き写し，______に適切な日本語を入れましょう。

❶ 英

____

____

訳 ______________信楽焼の１つはタヌキです。

❷ 英

____

____

訳 私たちの学校では，食器を作る______________を習います。

❸ 英

____

____

訳 一部の生徒たちは２年生から______________を習います。

❹ 英

____

訳 だから彼らの食器は私たちのもの______________います。

❺ 英

____

____

訳 自分たちの______________で食べると，食べ物がよりおいしく思えます。

学習日　　／

Grammar 比較表現(原級)，比較級，最上級

① 〈as ＋形容詞［副詞］の原級(...)＋ as 〜〉の形で，「〜と同じくらい…」という意味を表します。

・The helmet and the suit are almost **as heavy as** a motorbike.
　そのヘルメットとスーツは小型オートバイとほとんど**同じくらい重い**です。

② 〈比較級(...)＋ than 〜〉の形で「〜よりも…」という意味を表します。

※比較級の作り方

語尾に -er をつけるもの…fast → fast**er**，early → earl**ier** など
前に more を置くもの…difficult → **more** difficult など

・Their dishes are **better than** ours.
　彼らの食器は私たちのもの**よりもすぐれて**います。

③ 〈the ＋最上級(...)＋(in / of 〜)〉の形で「(〜の中で)最も…」という意味を表します。

※最上級の作り方

語尾に -est をつけるもの…fast → fast**est**，early → earl**iest** など
前に most を置くもの…difficult → **most** difficult など

・One of **the most famous** Shigaraki ware is a raccoon dog.
　最も有名な信楽焼の１つはタヌキです。

1　(　)内から適切なものを選びましょう。

(1) 私は彼と同じくらい速く走ることができます。
　I can run as (fast / faster / fastest) as him.

(2) 私にとって数学は英語よりも難しいです。
　Math is (more difficult / most difficult) than English for me.

(3) 富士山は日本で最も高い山です。
　Mt. Fuji is the (high / higher / highest) mountain in Japan.

2 日本語に合うように，必要に応じて【　】内の語の形を変えて，（　）に書きましょう。2語になるものもあります。

(1) 明日は今日と同じくらい暖かいでしょう。【warm】
Tomorrow will be as (　　　　　　　　) as today.

(2) 私は，健康はお金よりも大切だと思います。【important】
I think health is (　　　　　　　　) than money.

(3) エリックはほかのどの生徒よりも早く学校に来ます。【early】
Eric comes to school (　　　　　　　　) than any other student.

(4) ボブは世界で最も人気のある歌手の1人です。【popular】
Bob is one of the (　　　　　　　　) singers in the world.

(5) 彼は私たちみんなの中で最も忙しい人です。【busy】
He is the (　　　　　　　　) person of all of us.

(6) 私たちは彼らよりも上手に踊りたいと思っています。【well】
We want to dance (　　　　　　　　) than they do.

(7) これはその年で最もよい映画かもしれません。【good】
This may be the (　　　　　　　　) movie of the year.

3 日本語に合うように，【　】内の語句を並べかえて全文を書きましょう。

(1) このコンピュータはノートと同じくらいの重さです。
This computer【 as / as / is / heavy / a notebook 】.

____

(2) あの車はこの車よりも高価です。
That car is【 this one / expensive / more / than 】.

____

(3) 彼はその3人の中で最も一生懸命勉強します。
He studies【 hardest / of / the / the three 】.

____

LESSON 7

Serendipity (1)

学習日　　／　　（　）

教科書 pp.68-69

語句の確認 // 意味を調べて記入し，つづりを練習しましょう。

語句	意味	練習
order(ed)	動 注文する	order　order　order
French fries	名	
restaurant	名	
New York	名	
thick	形	
again and again		
chef	名	
serve(d)	動	
thin	形	
anger	名	

本文 // 音声を聞いて，声に出して読みましょう。

❶ In 1853, / a man often **ordered** French fries / at a restaurant / in New York. // ❷ "They **are** too thick!" / he **said** / again and again. // ❸ The chef **got** angry / and **served** very thin French fries. // ❹ The man **ate** them / and **said**, / "How delicious!" //

❺ Potato chips **came from** a chef's anger. // ❻ They **have been** so popular / all over the world / since then. //

本文の確認

左の番号に対応する本文を書き写し，______に適切な日本語を入れましょう。

❶ 英

____

____

訳 1853年，ある男性はニューヨークの______で，フライドポテトをよく______。

❷ 英

____

____

訳「それらは______！」と彼は______言いました。

❸ 英

____

____

訳 シェフは怒って，______フライドポテトを出しました。

❹ 英

____

____

訳 その男性はそれらを食べて，「______！」と言いました。

❺ 英

____

訳 ポテトチップスは______から来たのです。

❻ 英

____

____

訳 それらは______世界じゅうでとても人気があります。

LESSON 7

Serendipity (2)

学習日　／

pp.70-71

語句の確認 // 意味を調べて記入し，つづりを練習しましょう。

語句	意味	練習
invent	動 発明する	invent　invent　invent
strong	形	
glue	名	
weak	形	
of no use		
bookmark	名	
remember(ed)	動	
stick	動	
sticky	形	
sticky notes		

本　文 // 音声を聞いて，声に出して読みましょう。

❶ Spencer Silver **tried to invent** strong glue. // ❷ But he **made** a very weak one. // ❸ His friend Art Fry **said**, / ❹ "I**'ve** never **seen** such weak glue. // ❺ This **is** of no use." //

❻ After a few years, / a bookmark **fell** / from Fry's book. // ❼ He **remembered** the glue / and **said**, / ❽ "I **can stick** it / with that weak glue." // ❾ Like this, / sticky notes **were born**. //

本文の確認

左の番号に対応する本文を書き写し，______に適切な日本語を入れましょう。

❶ 英 ________________________________

訳 スペンサー・シルバーは強力なのりを______________________。

❷ 英 ________________________________

訳 しかし彼は______________________のりを作ってしまいました。

❸ 英 ________________________________

訳 彼の______________のアート・フライは言いました，

❹❺ 英 ________________________________

____

訳 「私はこんなに弱いのりを______________________。これは役に立ちません。」

❻ 英 ________________________________

____

訳 ______________________，しおりがフライの本から落ちました。

❼ 英 ________________________________

訳 彼はそののりのことを______________________て言いました，

❽ 英 ________________________________

訳 「あの弱いのりでそれを______________________ことができます。」

❾ 英 ________________________________

訳 こうして，ふせんは______________________のです。

学習日 ／

Grammar 現在完了

① 〈have [has] ＋過去分詞〉で，次のような意味を表します。

○ 継続用法「(ずっと)～しています」

⇒ since ～「～以来」，for ～「～の間」などがよくいっしょに用いられます。

・I **have lived** in Yokohama since 2010.　私は2010年から**ずっと**横浜に**住んでいます**。

○ 経験用法「(今までに)～したことがあります」

⇒ once「一度」，twice「二度」，～ times「～度」，never「一度も～ない」，before「以前に」などがよくいっしょに用いられます。

・I **have been** to Hawaii twice.　私はハワイに２回**行ったことがあります**。

○ 完了･結果用法「(ちょうど)～したところです」「～してしまいました」

⇒ just「ちょうど」，already「すでに」，yet「(疑問文で)もう，(否定文で)まだ」などがよくいっしょに用いられます。

・I **have finished** reading this book.　私はこの本を読み**終えたところです**。

② **疑問文の作り方**…〈Have [Has] ＋主語＋過去分詞 ～?〉の語順にします。

・**Have** you ever **eaten** a durian**?**　あなたはドリアンを**食べたことがありますか**。

③ **否定文の作り方**…〈have [has] ＋ not [never] ＋過去分詞〉を使います。

※ have not ＝ haven't，has not ＝ hasn't

・I **have never eaten** a durian.　私はドリアンを**食べたことがありません**。

1　(　)内から適切なものを選びましょう。

(1) 彼らはそのときからずっとよい友人です。

They (are / have been) good friends since then.

(2) 私は彼に二度会ったことがあります。

I (see / have seen) him twice.

(3) 私の弟はすでにこの部屋を掃除しました。

My brother has already (cleaned / cleaning) this room.

2 日本語に合うように，(　)に入る語を右から選んで入れましょう。

since
yet
before
never
already

(1) 先週の土曜日からずっと雨です。

It has been rainy (　　　　　　) last Saturday.

(2) ジャックは寿司を食べたことがありません。

Jack has (　　　　　　) eaten sushi.

(3) その電車はすでに駅を出発してしまいました。

The train has (　　　　　　) left the station.

3 (　)に適切な日本語を入れて，英文の日本語訳を完成させましょう。

(1) Have you played tennis since you were a child?

あなたは(　　　　　　)ずっとテニスを(　　　　　　)。

(2) He has been to New York many times.

彼は(　　　　　　)ニューヨークに(　　　　　　)。

(3) I haven't finished my homework yet.

私は(　　　　　　)宿題を(　　　　　　)。

4 日本語に合うように，【　】内の語句を並べかえて全文を書きましょう。

(1) 私は８年間英語を勉強してきました。

I【 for / studied / have / English 】eight years.

____

(2) 彼はその歌を一度も聞いたことがありません。

He【 to / never / listened / has 】the song.

____

(3) あなたはもう手を洗いましたか。

【 washed / have / your hands / you 】yet?

____

LESSON 8

Sapeurs (1)

学習日　　／　（　）

教科書 pp.76-77

語句の確認 // 意味を調べて記入し，つづりを練習しましょう。

語句	意味	練習
fashionable	形　流行の，高級な	fashionable　fashionable
clothes	名	
appear	動	
weekend(s)	名	
suburb	名	
enjoy	動	
model(s)	名	
rich	形	
however	接	
expensive	形	

本　文 // 音声を聞いて，声に出して読みましょう。

❶ People / in fashionable clothes / **appear** on weekends / in a suburb / of Brazzaville. // ❷ They **are called** *sapeurs*. //

❸ *Sapeurs* **enjoy** fashion very much. // ❹ They **are not** fashion models. // ❺ They **are not** rich. // ❻ However, / they **buy** very expensive clothes / to wear / on weekends. // ❼ Why **do** they **do** so? //

本文の確認

左の番号に対応する本文を書き写し，______に適切な日本語を入れましょう。

❶ 英 ______________________________

____

訳 流行の衣服に身を包んだ人々が週末，ブラザビルの郊外に______。

❷ 英 ______________________________

訳 彼らは「サプール」と______。

❸ 英 ______________________________

訳 サプールはファッションを大いに______。

❹ 英 ______________________________

訳 彼らはファッションモデル______。

❺ 英 ______________________________

訳 彼らは______。

❻ 英 ______________________________

____

訳 しかし，彼らは______服を買います。

❼ 英 ______________________________

訳 彼らは______。

LESSON

8 Sapeurs (2)

学習日　／

pp.78-79

語句の確認 // 意味を調べて記入し，つづりを練習しましょう。

語句	意味	練習
war(s)	名 戦争	war　war　war
peace	名	
own	動	
weapon(s)	名	
item(s)	名	
violence	名	
damage(s)	動	
designer	名	
military	形	
nicely	副	
respect(ed)	動	

本　文 // 音声を聞いて，声に出して読みましょう。

❶ There **were** many wars / in Republic of Congo. // ❷ To keep their country's peace, / *sapeurs* **own** not weapons / but fashionable items. // ❸ Violence **damages** their beautiful clothes, / so they **don't fight**. //

❹ One *sapeur* **says**, / ❺ "We **should step** / in designer shoes, / not in military shoes." //

❻ *Sapeurs* **dress** nicely / for peace. // ❼ They **are respected** / as a symbol of peace. //

本文の確認

左の番号に対応する本文を書き写し，______に適切な日本語を入れましょう。

❶ 英
____
____

訳 コンゴ共和国では______________がありました。

❷ 英
____
____

訳 彼らの国の平和を守るため，サプールたちは__________ではなく流行のアイテムを__________。

❸ 英
____
____

訳 暴力は彼らの美しい衣服を傷つけてしまうので，彼らは__________。

❹ 英
____

訳 あるサプールは言います，

❺ 英
____
____

訳 「私たちは軍用の靴__________，デザイナーシューズを履くべきです。」

❻ 英
____

訳 サプールたちは______________着飾るのです。

❼ 英
____

訳 彼らは平和の象徴として______________。

学習日　　／

Grammar 受動態

① 〈be動詞＋過去分詞〉の形で,「(主語が)～される」という意味を表します。
「～によって」という動作主は〈by ～〉で表されます。

・They **are called** *sapeurs*.
彼らは「サプール」と**呼ばれます**。

・They **are respected** as a symbol of peace.
彼らは平和の象徴として**尊敬されています**。

② **疑問文の作り方**…〈be動詞＋主語＋過去分詞 ～?〉の語順にします。

・**Is** that rabbit **liked** by Yumi**?**
あのウサギはユミに**好かれていますか**。

③ **否定文の作り方**…〈be動詞＋ not ＋過去分詞〉を使います。

・That rabbit **isn't liked** by Yumi.
あのウサギはユミに**好かれていません**。

1 （　）内から適切なものを選びましょう。

(1) 彼らのコンサートは毎年ここで開かれます。
Their concert is (hold / held) here every year.

(2) この食べ物はあなたの国で愛されていますか。
(Does / Is) this food loved in your country?

(3) あれらの山々は雪に覆われていません。
Those mountains are (not covered / covered not) with snow.

(4) この歌は世界じゅうで歌われています。
This song (sung / is sung) all over the world.

(5) その大きな箱は子どもたちによって運ばれました。
The big box was carried (by / as) the children.

2 日本語に合うように，【　】内の語を適切な形にして（　）に書きましょう。

(1) このカレーライスは私の弟によって作られました。【cook】

This curry and rice was (　　　　　　　　　) by my brother.

(2) その歌手は日本では知られていません。【know】

The singer is not (　　　　　　　　　) in Japan.

(3) そのテレビ番組は多くの人々に楽しまれていますか。【enjoy】

Is the TV program (　　　　　　　　　) by many people?

3 （　）に適切な日本語を入れて，英文の日本語訳を完成させましょう。

(1) This dog is called Ben.

このイヌはベンと(　　　　　　　　　　　　)。

(2) This letter was not written by her.

この手紙は彼女(　　　　　　　　)書かれたものではありませんでした。

(3) Where is the bag sold?

そのかばんはどこで(　　　　　　　　　　　　)。

4 日本語に合うように，【　】内の語句を並べかえて全文を書きましょう。

(1) そのコンピュータは私の兄によって使われています。

The computer【 is / by / used / my brother 】.

____

(2) あの家は彼らによって建てられましたか。

【 that house / built / was / by 】 them?

____

(3) それらの窓は今，閉められていません。

【 not / are / closed / those windows 】 now.

____

LESSON 9

Special Makeup Effects (1)

学習日　　／　（　）

pp.84-85

語句の確認 意味を調べて記入し，つづりを練習しましょう。

語句	意味	練習
special	形　特別の	special　special　special
makeup	名	
effect(s)	名	
smile, smiling	動	
different	形	
actually	副	
person	名	
English	形	
actor	名	
transform(ed)	動	
artist	名	

本　文 音声を聞いて，声に出して読みましょう。

❶ **Look at** the two pictures. // ❷ **Do** you **think** / that the smiling man and the other man / are different people? // ❸ Actually, / they **are** the same person. // ❹ He **is** an English actor, / Gary Oldman. // ❺ He **was transformed** / into Winston Churchill. // ❻ This **was done** / by Kazu Hiro, / a special makeup effects artist. //

本文の確認

左の番号に対応する本文を書き写し，＿＿に適切な日本語を入れましょう。

❶ 英 ＿＿＿＿＿＿＿＿＿＿＿＿＿＿＿＿＿＿＿＿

訳 ２枚の＿＿＿＿＿＿を見てください。

❷ 英 ＿＿＿＿＿＿＿＿＿＿＿＿＿＿＿＿＿＿＿＿

＿＿＿＿＿＿＿＿＿＿＿＿＿＿＿＿＿＿＿＿

訳 その＿＿＿＿＿＿＿＿＿＿ともう１人の男性は，別人だと思いますか。

❸ 英 ＿＿＿＿＿＿＿＿＿＿＿＿＿＿＿＿＿＿＿＿

訳 実は，彼らは＿＿＿＿＿＿です。

❹ 英 ＿＿＿＿＿＿＿＿＿＿＿＿＿＿＿＿＿＿＿＿

訳 彼はイギリスの＿＿＿＿＿＿，ゲイリー・オールドマンさんです。

❺ 英 ＿＿＿＿＿＿＿＿＿＿＿＿＿＿＿＿＿＿＿＿

＿＿＿＿＿＿＿＿＿＿＿＿＿＿＿＿＿＿＿＿

訳 彼はウィンストン・チャーチルに＿＿＿＿＿＿＿＿＿＿。

❻ 英 ＿＿＿＿＿＿＿＿＿＿＿＿＿＿＿＿＿＿＿＿

＿＿＿＿＿＿＿＿＿＿＿＿＿＿＿＿＿＿＿＿

訳 これは，＿＿＿＿＿＿＿＿＿＿であるカズ・ヒロさんによってなされました。

LESSON 9

Special Makeup Effects (2)

学習日　／　（　）

pp.86-87

語句の確認　意味を調べて記入し，つづりを練習しましょう。

語句	意味	練習
found	動 findの過去形	found　found　found
article	名	
magazine	名	
work(ing)	動	
sent	動 　　の過去形	
work	名	
thanks to ～		
advice	名	
greatly	副	
improve(d)	動	

本　文　音声を聞いて，声に出して読みましょう。

❶ Kazu Hiro **has loved** movies / since he was a child. // ❷ When he was in high school, / he **found** an article / about Dick Smith / in a movie magazine. // ❸ Smith **was** a special makeup effects artist / working in the U.S. //

❹ Kazu Hiro **sent** letters / and pictures of his work / to him. // ❺ Thanks to Smith's advice, / his makeup skills greatly **improved**. //

本文の確認

左の番号に対応する本文を書き写し，＿＿に適切な日本語を入れましょう。

❶ 英

＿＿＿＿＿＿＿＿＿＿＿＿＿＿＿＿＿＿＿＿＿＿＿＿＿＿＿＿＿＿

＿＿＿＿＿＿＿＿＿＿＿＿＿＿＿＿＿＿＿＿＿＿＿＿＿＿＿＿＿＿

訳 カズ・ヒロさんは，＿＿＿＿＿＿＿＿＿＿ずっと映画が大好きです。

❷ 英

＿＿＿＿＿＿＿＿＿＿＿＿＿＿＿＿＿＿＿＿＿＿＿＿＿＿＿＿＿＿

＿＿＿＿＿＿＿＿＿＿＿＿＿＿＿＿＿＿＿＿＿＿＿＿＿＿＿＿＿＿

訳 高校生のとき，彼はある＿＿＿＿＿＿＿＿の中にディック・スミスさんに関する＿＿＿＿＿＿を見つけました。

❸ 英

＿＿＿＿＿＿＿＿＿＿＿＿＿＿＿＿＿＿＿＿＿＿＿＿＿＿＿＿＿＿

＿＿＿＿＿＿＿＿＿＿＿＿＿＿＿＿＿＿＿＿＿＿＿＿＿＿＿＿＿＿

訳 スミスさんは＿＿＿＿＿＿＿＿＿＿特殊メイクアーティストでした。

❹ 英

＿＿＿＿＿＿＿＿＿＿＿＿＿＿＿＿＿＿＿＿＿＿＿＿＿＿＿＿＿＿

＿＿＿＿＿＿＿＿＿＿＿＿＿＿＿＿＿＿＿＿＿＿＿＿＿＿＿＿＿＿

訳 カズ・ヒロさんは彼に，手紙と＿＿＿＿＿＿＿＿＿＿＿を送りました。

❺ 英

＿＿＿＿＿＿＿＿＿＿＿＿＿＿＿＿＿＿＿＿＿＿＿＿＿＿＿＿＿＿

＿＿＿＿＿＿＿＿＿＿＿＿＿＿＿＿＿＿＿＿＿＿＿＿＿＿＿＿＿＿

訳 スミスさんの助言＿＿＿＿＿＿＿＿，彼のメイク技術は＿＿＿＿＿＿改善しました。

LESSON 9

Special Makeup Effects (3)

学習日　　／　（　）

教科書 pp.88-89

語句の確認 // 意味を調べて記入し，つづりを練習しましょう。

語句	意味	練習
start(ed)	動　始める	start　start　start
Hollywood	名	
industry	名	
job	名	
offer	名	
spent	動　　　　の過去形	
month(s)	名	
face	名	
highly	副	
evaluate(d)	動	
won	動　　　　の過去形	
Academy Award	名	

本　文 // 音声を聞いて，声に出して読みましょう。

❶ Kazu Hiro **started to work** / for the Hollywood movie industry. // ❷ In 2016, / he **got** a job offer / for *Darkest Hour*. // ❸ He **spent** four months / transforming Gary Oldman / into Churchill. //

❹ Oldman's face / made up by Kazu Hiro / **was** highly **evaluated**. // ❺ In 2018, / he **won** an Academy Award / for his great makeup skills. //

本文の確認 左の番号に対応する本文を書き写し，______に適切な日本語を入れましょう。

❶ 英

____

____

訳 カズ・ヒロさんはハリウッドの______で働き始めました。

❷ 英

____

____

訳 2016年，彼は『ウィンストン・チャーチル』という映画の______
______を受けました。

❸ 英

____

____

訳 彼はゲイリー・オールドマンさんをチャーチルへ変身させるのに______
______。

❹ 英

____

____

訳 カズ・ヒロさんによってメイクが施されたオールドマンさんの顔は，______
______。

❺ 英

____

____

訳 2018年，彼はそのすばらしいメイク技術でアカデミー賞を______。

学習日　／

Grammar 分詞の形容詞的用法

分詞には現在分詞と過去分詞があり，名詞を説明する形容詞の役割をします。

①「～している…」と言うときは，現在分詞(動詞の ing 形)を使います。

○ 名詞の前に置いて説明します。

・Look at the **running** dog.
走っているイヌを見てください。

○ 2語以上で説明するときは，名詞のうしろに置きます。

・Look at the boy **reading** a book over there.
あちらで本を**読んでいる**男の子を見てください。

②「～された…」と言うときは，過去分詞を使います。

○ 名詞の前に置いて説明します。

・The **broken** watch is mine.
その**こわれた**時計は私のものです。

○ 2語以上で説明するときは，名詞のうしろに置きます。

・This is the watch **broken** by someone.
これは誰かによって**こわされた**時計です。

1 (　)内から適切なものを選びましょう。

(1) あれらの飛んでいる鳥が見えますか。
Do you see those (flying / flew) birds?

(2) 電車を待つ人がたくさんいました。
There were many people (waiting / waited) for the train.

(3) 私はドライフルーツを自分のヨーグルトに入れました。
I put some (drying / dried) fruits in my yogurt.

(4) 私たちは彼によって作られたカレーライスを食べました。
We ate the curry and rice (cooking / cooked) by him.

(5) 父は中古の車を買おうとしています。

My father is going to buy the (using / used) car.

(6) ギターを弾いている女性は誰ですか。

Who is the woman (playing / played) the guitar?

2 (　)に適切な日本語を入れて，英文の日本語訳を完成させましょう。

(1) The dancing children were all cute.

(　　　　　　　　　　　　　　)は皆かわいらしかったです。

(2) The boy wearing a blue sweater is Tom.

(　　　　　　　　　　　　　　　　　　)がトムです。

(3) A closed box is on the desk.

(　　　　　　　　　　)箱が机の上にあります。

(4) These are the pictures taken in Kyoto.

これらは(　　　　　　　　　　　　　　　)です。

3 日本語に合うように，【　】内の語句を並べかえて全文を書きましょう。

(1) 眠っているネコを見てください。

Look at 【 the / cat / sleeping 】.

____

(2) ドアのそばに立っている女性が私の母です。

【 standing / the woman / by 】 the door is my mother.

____

(3) 私たちは失くしたかぎを探しました。

We looked for 【 lost / the / key 】.

____

(4) あれは有名な作家によって書かれた本です。

That is 【 written / by / a book 】 a famous writer.

____

LESSON

10 Clean Water (1)

学習日　　／　（　）

教科書 pp.94-95

語句の確認 // 意味を調べて記入し，つづりを練習しましょう。

語句	意味	練習
It is said that ～	～と言われている	It is said that ～　It is said that ～
percent	名	
human	名	
consist(s)	動 (consist of ～で)	
more than ～		
constantly	副	
develop(ing)	動	
dirty	形	
drought	名	

本　文 // 音声を聞いて，声に出して読みましょう。

❶ It **is said** / that 60 percent of the human body / consists of water. // ❷ When more than 20 percent of water / in the body / is lost, / we **may die**. //

❸ We **must** constantly **take** clean water / into our bodies. // ❹ However, / in developing countries, / people's health **is** sometimes **damaged** / by the dirty water / which they drink / in times of drought. //

本文の確認

左の番号に対応する本文を書き写し，＿＿に適切な日本語を入れましょう。

❶ 英

＿＿＿＿＿＿＿＿＿＿＿＿＿＿＿＿＿＿＿＿＿＿＿＿＿＿＿＿＿＿

＿＿＿＿＿＿＿＿＿＿＿＿＿＿＿＿＿＿＿＿＿＿＿＿＿＿＿＿＿＿

訳 人体の60パーセントは水＿＿＿＿＿＿＿＿と言われています。

❷ 英

＿＿＿＿＿＿＿＿＿＿＿＿＿＿＿＿＿＿＿＿＿＿＿＿＿＿＿＿＿＿

＿＿＿＿＿＿＿＿＿＿＿＿＿＿＿＿＿＿＿＿＿＿＿＿＿＿＿＿＿＿

訳 体内の水が20パーセントより多く＿＿＿＿＿＿＿＿と，私たちは死んでしまうかもしれません。

❸ 英

＿＿＿＿＿＿＿＿＿＿＿＿＿＿＿＿＿＿＿＿＿＿＿＿＿＿＿＿＿＿

＿＿＿＿＿＿＿＿＿＿＿＿＿＿＿＿＿＿＿＿＿＿＿＿＿＿＿＿＿＿

訳 私たちは絶えず＿＿＿＿＿＿＿＿を体の中に取り込まなければなりません。

❹ 英

＿＿＿＿＿＿＿＿＿＿＿＿＿＿＿＿＿＿＿＿＿＿＿＿＿＿＿＿＿＿

＿＿＿＿＿＿＿＿＿＿＿＿＿＿＿＿＿＿＿＿＿＿＿＿＿＿＿＿＿＿

＿＿＿＿＿＿＿＿＿＿＿＿＿＿＿＿＿＿＿＿＿＿＿＿＿＿＿＿＿＿

訳 しかし，発展途上国では，＿＿＿＿＿＿＿＿＿＿＿＿汚水によって人々の健康が損なわれることがあります。

LESSON 10

Clean Water (2)

学習日　　／

pp.96-97

語句の確認 // 意味を調べて記入し，つづりを練習しましょう。

語句	意味	練習
pollute(d)	動　汚染する	pollute　pollute　pollute
infant(s)	名	
die from ～		
diarrhea	名	
shocked	形	
purify(ing)	動	
powder	名	
quality	名	
at last		
precious	形	
price	名	

本　文 // 音声を聞いて，声に出して読みましょう。

❶ When Oda Kanetoshi visited Bangladesh, / people **drank** water / from the polluted rivers. // ❷ Many infants / who drank the water / **died from** diarrhea. // ❸ He **was** shocked, / so he **developed** a purifying powder / which improves water quality. //

❹ At last, / Oda **could sell** the precious powder / for a low price / to the people / in developing countries. //

本文の確認 左の番号に対応する本文を書き写し，______に適切な日本語を入れましょう。

❶ 英

____

____

訳 小田兼利（かねとし）さんがバングラデシュを訪れたとき，人々は______の水を飲んでいました。

❷ 英

____

____

訳 ______が下痢で亡くなりました。

❸ 英

____

____

訳 彼はショックを受けたので，______浄化粉を開発しました。

❹ 英

____

____

訳 とうとう，小田さんはその貴重な粉を低価格で______に売ることができました。

LESSON 10

Clean Water (3)

学習日　／

pp.98-99

語句の確認 // 意味を調べて記入し，つづりを練習しましょう。

語句	意味	練習
realize	動　理解する	realize　realize　realize
purpose	名	
life	名	
safe	形	
someday	副	
worry	動	
even if ～		
laugh(ed)	動	
I want you to ～		
change	動	

本　文 // 音声を聞いて，声に出して読みましょう。

❶ I **have come to realize** the purpose / of my life. // ❷ It **was** to make clean water / for drinking. // ❸ I **hope** / that all the people / in the world / will drink safe water someday. //

❹ **Don't worry** / even if you are laughed at. // ❺ I **want** you / to have a big dream / that will change the world. //

本文の確認

左の番号に対応する本文を書き写し，＿＿に適切な日本語を入れましょう。

❶ 英

＿＿＿＿＿＿＿＿＿＿＿＿＿＿＿＿＿＿＿＿＿＿＿＿＿＿＿＿＿＿

＿＿＿＿＿＿＿＿＿＿＿＿＿＿＿＿＿＿＿＿＿＿＿＿＿＿＿＿＿＿

訳 私は自分の＿＿＿＿＿＿＿＿がわかってきました。

❷ 英

＿＿＿＿＿＿＿＿＿＿＿＿＿＿＿＿＿＿＿＿＿＿＿＿＿＿＿＿＿＿

訳 それは清潔な飲料水を＿＿＿＿＿＿＿＿だったのです。

❸ 英

＿＿＿＿＿＿＿＿＿＿＿＿＿＿＿＿＿＿＿＿＿＿＿＿＿＿＿＿＿＿

＿＿＿＿＿＿＿＿＿＿＿＿＿＿＿＿＿＿＿＿＿＿＿＿＿＿＿＿＿＿

訳 私は，いつか世界のすべての人々が＿＿＿＿＿＿を飲むことを願っています。

❹ 英

＿＿＿＿＿＿＿＿＿＿＿＿＿＿＿＿＿＿＿＿＿＿＿＿＿＿＿＿＿＿

訳 たとえ＿＿＿＿＿＿＿＿心配しないで。

❺ 英

＿＿＿＿＿＿＿＿＿＿＿＿＿＿＿＿＿＿＿＿＿＿＿＿＿＿＿＿＿＿

＿＿＿＿＿＿＿＿＿＿＿＿＿＿＿＿＿＿＿＿＿＿＿＿＿＿＿＿＿＿

訳 私はあなたがたに＿＿＿＿＿＿＿＿＿＿＿＿を持ってほしいです。

Grammar 関係代名詞

名詞を文で説明するときに，関係代名詞を用います。説明される名詞のことを「先行詞」と言います。先行詞が人かどうか，そして，関係代名詞がうしろに続く文の中でどのような働きをするかで，使う関係代名詞が変わります。

	先行詞が人	先行詞が人以外	先行詞が人・人以外両方可
主格	who	which	that
目的格	whom / who	which	that
所有格	whose	whose	—

① **主格**…関係代名詞が，説明する文の中で主語の働きをします。

・I have a friend **who** plays the cello.
私にはチェロを演奏する友人がいます。

② **目的格**…関係代名詞が，説明する文の中で目的語の働きをします。

・This is the book **which** I read yesterday.
これは私が昨日読んだ本です。
※目的格の関係代名詞は省略できます。

③ **所有格**…先行詞に関係する人やものについて説明します。

・I saw a cat **whose** eyes were green.
私は眼が緑色のネコを見ました。

1 (　)内から適切なものを選びましょう。

(1) 私には沖縄に住むいとこがいます。
I have a cousin (who / which) lives in Okinawa.

(2) 彼女が私たちにした話はほんとうでした。
The story (who / that) she told us was true.

(3) あのしっぽが短いネコを見てください。
Look at that cat (which / whose) tail is short.

2 下線部が省略できるならば○，省略できないならば×を(　)に書きましょう。

(1) 私はかっこいいTシャツをたくさん売っている店を知っています。

I know the shop <u>which</u> sells a lot of cool T-shirts.　(　　)

(2) これは彼らが先月見た映画です。

This is the movie <u>that</u> they watched last month.　(　　)

3 (　)に適切な日本語を入れて，英文の日本語訳を完成させましょう。

(1) Who was the boy who came to the party late?

(　　　　　　　　)男の子は誰ですか。

(2) English is a language a lot of people speak.

英語は(　　　　　　　　)言語です。

(3) Do you know any plants whose flowers are yellow?

あなたは(　　　　　　)植物を何か知っていますか。

4 日本語に合うように，【　】内の語句を並べかえて全文を書きましょう。

(1) あれがニューヨークへ行く飛行機です。

That is【 the plane / goes / which 】to New York.

____

(2) 優子は誰もが知る歌手です。

Yuko is【 whom / the singer / everyone 】knows.

____

(3) あなたが昨日買ったかばんを見せてください。

Show me【 you / bought / the bag 】yesterday.

____

(4) 屋根が赤いあの家が見えますか。

Do you see【 roof / whose / that house 】is red?

____

NOTE

NOTE

NOTE

NOTE

アミティ
イングリッシュ コミュニケーションⅠ
ワークブック

編集　開隆堂編集部
発行　開隆堂出版株式会社
代表者　岩塚太郎
〒113-8608　東京都文京区向丘1-13-1
電話03-5684-6115（編集）
https://www.kairyudo.co.jp/
印刷　株式会社大熊整美堂
販売　開隆館出版販売株式会社
〒113-8608　東京都文京区向丘1-13-1
電話03-5684-6118（販売）

■表紙デザイン
畑中 猛